W0047472

Udo Richard

Indianergeschichten

Illustrationen von Leopé

Die Deutsche Bibliothek – CIP-Einheitsaufnahme

Lesepiraten-Indianergeschichten / Udo Richard.
Ill. von Leopé.
– 1. Aufl. – Bindlach : Loewe, 2001
(Lesepiraten)
ISBN 3-7855-3840-5

*Der Umwelt zuliebe ist dieses Buch
auf chlorfrei gebleichtem Papier gedruckt.*

ISBN 3-7855-3840-5 – 1. Auflage 2001
© 2001 Loewe Verlag GmbH, Bindlach
Umschlagillustration: Leopé
Reihengestaltung: Angelika Stubner

www.loewe-verlag.de

Inhalt

Verflixte Zauberei!

Medizinmann!

Das will Findiger Fuchs mal werden!

Gestern hat Weißer Adler,

der Medizinmann des Stammes,

Regen herbeigezaubert.

Findiger Fuchs will mal gucken,

ob er das auch kann.

Los geht's!

Der kleine Indianer

röstet Wasserlilien und Fischschwänze

über dem Feuer.

Dann murmelt er in den Rauch
die geheime Zauberformel.
Und? Tut sich was?
Ja! Am Himmel ballt sich
eine kleine, schwarze Wolke.
Super, jetzt regnet es sogar!
Dicke Tropfen fallen vom Himmel.

Aber komisch,

ringsum bleibt alles trocken.

Nur Findiger Fuchs wird nass.

Jetzt läuft er ein paar Meter.

Allzu nass will er

schließlich auch nicht werden.

Seltsam! Die Wolke folgt ihm.

Er rennt weiter zu seinem Tipi.

Verflixt! Schon wieder schwebt
die kleine Regenwolke über ihm.
Zickzack läuft Findiger Fuchs
durchs Dorf – und
zickzack folgt ihm die Wolke
überallhin.
Irgendwas ist schief gegangen!
Findiger Fuchs wird patschnass.

Die anderen Indianer im Dorf
schütten sich aus vor Lachen.
Sogar Weißer Adler lächelt.
„Da müssen wir aber
noch ein bisschen üben,
damit aus dir mal
ein richtiger Medizinmann wird",
sagt er zu dem kleinen Indianer.

„Heißt das, dass ich
dein Schüler werden darf?",
fragt Findiger Fuchs ungläubig.
Der Alte nickt.

Der kleine Indianer jubelt.
Ausgelassen tanzt er im Regen,
denn die kleine Wolke –
die schwebt immer noch über ihm.

Tomako in großer Gefahr

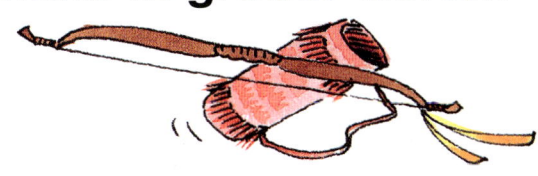

„Jippiie – der hat gesessen!"
Tomako ballt stolz die Faust.
Sein Pfeil hat den Baumstamm
genau in der Mitte getroffen.

„Jetzt den dicken Ast da!"
Der junge Indianer legt an,
spannt den Bogen, zielt –
und Volltreffer!

Immer schwierigere Ziele
sucht Tomako sich,
und immer tiefer gerät er
in den dunklen Wald hinein.

„Jetzt der Meisterschuss!"
Tomako zieht den letzten Pfeil
aus dem Köcher
und zielt auf einen dünnen Baum.

Zeng – der Pfeil jagt
blitzschnell durch die Luft.
Hilfe!
Tomako bleibt fast
das Herz stehen.
Unter dem Baum spielen ja
zwei kleine Braunbären!

Aber wo ist die Bärenmutter?
Schon bricht eine riesige Bärin
polternd durchs Gebüsch.
Wie gelähmt steht Tomako da.
Die Bärin richtet sich auf.
Sie ist riesig.
Sie ist wütend.
Sie droht,
und sie brüllt.

Und Tomako?
Er steht da,
bewegungslos,
wie versteinert.
Eine Ewigkeit lang.

Dann geht alles blitzschnell.
Mit einem Satz springt Tomako
zurück und läuft los.
Er rennt durch den Wald.

Er rast durchs Gebüsch.

Zweige schlagen ihm ins Gesicht.

Er fühlt es nicht.

Er stolpert und stürzt.

Er rappelt sich wieder auf.

Folgt ihm die Bärin?

Nein, nein!

Nur nicht umschauen!

Nur weg hier!

Nur zurück zum Dorf!

Endlich, am Waldrand,

in der Nähe des Dorfes,

wagt Tomako sich umzuschauen.

Gerettet!

Die Bärin ist nicht zu sehen.

„Uff!", macht Tomako

und lässt sich ins Gras fallen.

„Das war knapp!"

Doch dann rappelt er sich auf.

Er muss die Leute im Dorf

vor der wilden Bärin warnen!

Die Friedenspfeife

Die Apachen und die Irokesen
haben lange und erbittert
um die große Büffelherde gekämpft.
Aber jetzt haben sie genug.

Sie wollen Frieden schließen
und die Büffelherde teilen.
„Hört zu, Krieger",
sagt Grimmiger Bär
und verschränkt die Arme
vor der Brust,
„ohne Friedenspfeife können
wir keinen Frieden schließen."

„Du hast Recht, Irokese!",
sagt Wilder Wolf,
der tapfere Apache.
„Aber wo bekommen wir
eine Friedenspfeife her?"
„Ich habe eine Idee!",
ruft Wispernde Pfote plötzlich.
Sie springt auf und wetzt los.

Ihr Opa hält um diese Zeit
immer seinen Mittagsschlaf.
Wispernde Pfote schleicht sich
an das Bleichgesicht heran
und stiehlt ihm die Pfeife.
Geschmeidig wie eine Katze
jagt sie zurück durch den Wald.

Schon von weitem winkt sie

mit der qualmenden Pfeife.

„Aber wir dürfen doch nicht rauchen!",

ruft Zahmer Hase empört.

Er ist der kleine Bruder

von Wispernde Pfote.

„Lauf doch zu deiner Mami,

wenn du keinen Mut hast",

verhöhnt ihn Grimmiger Bär.

Er zieht an der Pfeife
und bläst den Rauch
in alle vier Richtungen aus.
„Es sei Frieden!", sagt er
und muss fürchterlich husten.
Auch Wilder Wolf und
Wispernde Pfote ziehen
an der Friedenspfeife.

Wispernde Pfote bekommt
den Rauch in die Augen.
Und Wilder Wolf muss sich
ins Gras legen.
Ihm ist ganz schwindelig.

„Ich gehe nach Hause!",
murmelt Wispernde Pfote.
Sie steht auf
und hält sich
schwankend
an einem Ast fest.

„Ich komme mit",

stöhnt Wilder Wolf.

Auch Grimmiger Bär

rappelt sich auf.

Er ist ganz grün im Gesicht.

Er schleppt sich zum Dorf.

„Mami, mir ist schlecht!",

hört man ihn dort rufen.

Nur Zahmer Hase bleibt zurück.

Er nimmt die Pfeife,
schleicht lautlos in das Zelt
des alten Bleichgesichts
und legt sie zurück.

Am nächsten Tag sind die Indianer
froh, dass kein Erwachsener
von der Pfeife erfahren hat!
Und Zahmer Hase ist stolz.
Denn von nun an nennen ihn
die anderen *Tapferer Hase*!

Wie das Feuer zu den Indianern kam

Vor vielen, vielen Wintern,
als die Indianer das Feuer
noch nicht kannten,
lebte am Bärenfluss
ein junger Häuptlingssohn.
Weil er von Geburt an hinkte,
nannten ihn alle Hinkefuß.

Sie lachten und riefen:
„Mit diesem Fuß kannst du
niemals unser Häuptling sein!"
Da lief Hinkefuß in den Wald
und lernte ganz allein alles,
was ein Indianer können muss.

So wurde aus Hinkefuß
der sicherste Schütze,
der beste Jäger
und der tapferste Krieger.

Eines Tages sprach
die weise Waldohreule zu ihm:
„Du willst Häuptling werden?
Dann geh zu Mutter Sonne,
hol von ihr das Feuer,
und bring es deinem Stamm.
Aber Vorsicht!
Der Weg ist gefährlich!"

34

Da machte sich Hinkefuß
auf den Weg.
Bald kam er
an eine tiefe Schlucht.
Aber Hinkefuß
fällte einen Baum
und ging mutig darüber hinweg.

In der Prärie begegnete Hinkefuß
der dreiköpfigen Klapperschlange.
Aber mit einem Stock
bändigte er die Schlange
und steckte sie in einen Sack.

Da stürzte sich
der einäugige Falke auf ihn.
Aber mit einem Netz
fing Hinkefuß das Untier ein,
fesselte es
und nahm es mit.

Endlich kam Hinkefuß
zum Haus von Mutter Sonne.
„Ich danke dir sehr",
sagte sie.
„Nun können diese Ungeheuer
kein Unheil mehr anrichten.

Nimm als Lohn diese Sonnenstrahlen,
und bring sie deinem Stamm."
Hinkefuß dankte Mutter Sonne
und kehrte heim in sein Dorf.

Groß war die Freude,
als Hinkefuß seinem Volk
das Feuer brachte!
Nun konnten die Indianer
ihre Jagdbeute braten und kochen.
Und in kalten Winternächten
mussten sie nicht mehr frieren.
Sie feierten das Feuerfest
und machten Hinkefuß
zu ihrem Häuptling:
Häuptling Goldene Sonne!

Tiger gibt's hier nicht!

Hurra, Tim darf heute

in seinem neuen Indianerzelt

übernachten.

Am Lagerfeuer im Garten!

Nur mit seinem Papa!

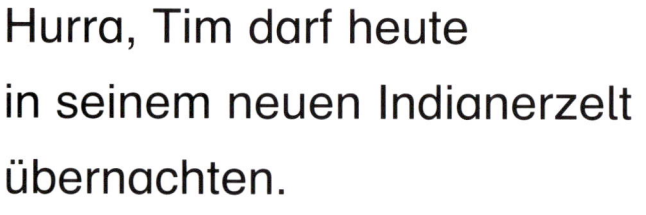

Die beiden grillen Fisch

über dem Feuer.

Mmh, das schmeckt lecker!

Und danach geht es
ab in den Schlafsack.
„Gibt es hier eigentlich
Löwen und Tiger?",
erkundigt sich Tim,
als sie ins Zelt kriechen.
„Nein, nein, keine Angst!",
gähnt Papa müde.
„Ein Indianer hat doch keine Angst!",
ruft Tim empört.

Und als richtiger Indianer
nimmt er auch im Schlafsack
den Kopfschmuck nicht ab.
Um Mitternacht wacht Tim auf.
Papa schnarcht.
Aber da ist noch etwas.

Es knackt und knistert ...
Plötzlich sieht er es!
Ein Tiger!
Deutlich zeichnet sich
sein Schatten im Mondlicht ab.

„Papa! Papa! Wach auf!
Ein Tiger!", schreit Tim.
„Tiger gibt's hier nicht!",
knurrt Papa und seufzt.
„Doch, Papa! Guck doch mal!"
Papa schlägt die Augen auf.
Tatsächlich.
Da ist was!
Papa springt auf.
Rrrummss! Das Zelt kippt um.

Da ist er – der Tiger!
Es ist die Nachbarskatze,
die sich über die Fischreste
hergemacht hat.
Die Katze faucht und
macht einen Buckel.
Doch dann nimmt sie
ganz schnell Reißaus.

Ganz entgeistert starrt Papa
der Katze hinterher.
Tim aber jubelt und führt
einen wilden Indianertanz auf.
„Uhwuwuwuwu!
Wir haben den Tiger
in die Flucht geschlagen!"

Weiße Eule erzählt ein Rätsel

„Wollt ihr ein Rätsel hören?",
fragt Weiße Eule,
die weise Frau
vom Volk der Sioux.

„Au ja!",
rufen die Indianerkinder.
Die Rätsel und Geschichten
der alten Frau
hören die Kinder am liebsten.

46

Die Jungen und Mädchen
rücken näher ans Lagerfeuer
und kuscheln sich
in ihre Bärenfelle.
„Aber", warnt Weiße Eule,
„dieses Rätsel ist das schwerste,
das ich euch je erzählt habe."

„Fang an, fang an!
Wir lösen es schon!",
rufen die Kinder ungeduldig.
Weiße Eule lächelt.
Sie setzt sich zurecht
und beginnt:
„Es ist aus hartem Holz gemacht
und aus schwerem Stahl.
Trotzdem fliegt es manchmal
wie der Wind.

Es ist ein Werkzeug,
um Bäume zu fällen.
Aber es ist auch eine Waffe,
die der weiße Mann fürchtet.
Was ist das?"
Die Kinder schauen sich
ratlos an.

„Ich glaube, ich weiß,
was es ist",
sagt Kleine Feder zögernd.

Weißt du es auch?

Die Lösung findest du auf Seite 60.

Mmh, Blaubeeren!

Tikomi und Samsara
haben Lust auf Blaubeeren.
Aber in den Wald gehen
und welche pflücken?
Dazu sind sie zu faul.

„Du, ich habe eine Idee!"
Samsara muss kichern.
Und dann stecken die beiden
die Köpfe zusammen.

Wenig später tut sich
Seltsames im Indianerdorf.
Zwei Kinder schleichen
auf leisen Sohlen in ein Zelt.
Und heraus schleppen sie
ein altes Bärenfell.
Ruhig liegt das Indianerdorf
in der Nachmittagshitze.
Doch plötzlich hört man
ein lautes Kreischen.

Die alte Narina stürzt ins Dorf.

„Hilfe, Hilfe!", schreit sie.

Aus allen Richtungen kommen
die Leute angelaufen.

„Was ist denn passiert?",
fragt der Häuptling.

„Ich habe Blaubeeren gesammelt",
jammert die alte Indianerin.

„Da kam ein riesiger Bär
und hat mir die Beeren geraubt.
Fast hätte er mich gefressen!"
Jetzt kommen auch Tikomi
und Samsara dazu.
„Was ist denn hier los?",
fragen sie ganz unschuldig.
Die Leute fangen an zu lachen.

53

„Ich glaube, ich kenne
den gefräßigen Bären",
schmunzelt der Häuptling.
Tikomi und Samsara
schauen sich an.

Huch! Sie haben ja lauter
Blaubeerflecken um den Mund!
Jetzt haben sie sich verraten.
„Mich mit dem alten Bärenfell
so zu erschrecken!"
Narina macht ein böses Gesicht.
Aber dann muss sie doch mitlachen ...

Der wilde Indianerhäuptling

Heute ist Rosenmontag,
und Tina verkleidet sich als Indianer.
Nur der prächtige Kopfschmuck
fehlt noch – so, fertig!
Tina geht in die Küche.

Ach, du lieber Himmel!
Bei ihrer Mutter sitzt
Frau Blümlein, die Nachbarin.
„Huch!",
macht Frau Blümlein.
„Tinchen, bist du das?"
Tina mag es gar nicht,
wenn man sie Tinchen nennt.

„Hugh!", erklärt sie feierlich,

„ich bin Adlerauge,

der wilde Häuptling der Apachen!"

„Ach Tinchen, nein!

Du bist ja eine ganz Wilde!",

ruft Frau Blümlein.

„Als Prinzesschen fände ich

dich viel schöner!"

„Ich fände Sie als Prinzessin
auch viel schöner",
erwidert Tina.
Tinas Mutter verschluckt sich fast
an einem Stück Kuchen.
„Tina", sagt sie,
„sei nicht so frech!"
Aber Frau Blümlein schmunzelt.
„Ach, lassen Sie nur",
sagt sie.
„Tina hat ganz Recht.

Was mische ich mich auch
in ihr Kostüm ein!
Viel Spaß beim Karneval,
edler Indianer!"
„Hugh!",
grüßt Tina freundlich zurück.
Dann jagt sie zur Tür hinaus.
Ab zur Karnevalsparty!

Udo Richard wurde 1966 in Halle/Westf. geboren. An den Universitäten Bamberg und Columbia, S.C., studierte er Germanistik mit den Schwerpunkten Literaturwissenschaft und Literaturvermittlung. Danach arbeitete er mehrere Jahre in der Redaktion eines großen Kinderbuchverlags. Seit Mitte 1999 schreibt und übersetzt er Kinderbücher.

Leopé erblickte 1960 in Heilbronn das Licht der Welt. Sobald er Stifte halten konnte, bemalte er alles, was ihm zwischen die Finger kam. Deshalb studierte er in Stuttgart Grafik-Design. Anschließend machte er eine Ausbildung zum Erzieher. 1995 veröffentlichte Leopé sein erstes Bilderbuch. Er lebt in Berlin und hat seitdem mehrere Kinderbücher geschrieben und illustriert.

Lösung: *Der Tomahawk.*
Der Tomahawk, auch Wurfbeil oder Streitaxt genannt, war ursprünglich eine Holzaxt mit einer Klinge aus Stein. Sie wurde benutzt, um Bäume zu fällen oder Holz zu bearbeiten. Später tauschten die Indianer stählerne Klingen von den Weißen ein, und der Tomahawk wurde zur Streitaxt. Manche Indianer durchbohrten den Stiel und brachten auf der Rückseite des Axtblattes ein kleines Gefäß an. Daraus konnte man Tabak rauchen. So entstand die Tomahawkpfeife.

Kleine Geschichten, großer Lesespaß!

Noch mehr Lesepiraten-Spannung:

Lesepiraten-Hexengeschichten, Lesepiraten-Schulgeschichten
Lesepiraten-Weihnachtsgeschichten, Lesepiraten-Feriengeschichten,
Lesepiraten-Detektivgeschichten, Lesepiraten-Ostergeschichten,
Lesepiraten-Abc-Geschichten, Lesepiraten-Indianergeschichten,
Lesepiraten-Freundschaftsgeschichten